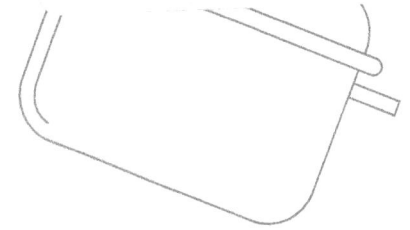

THIS SOAP RECIPE NOTEBOOK

Belongs To:

_____

DEDICATION

This book is dedicated to all the ambitious and energetic Soap Makers out there who want to keep record of their soap making information.

You are my inspiration for producing books and I'm honored to be a part of keeping all of your Soap Making recipes, notes and records organized.

This journal notebook will help you record your details about your soap making adventures.

Thoughtfully put together with these sections to record: Soap Name, Date, Yield & Process, Visual & Fragrance Description, Lyes & Liquids, Oils, Additives & Notes.

HOW TO USE THIS BOOK

The purpose of this book is to keep all of your Soap Making notes all in one place. It will help keep you organized.

This Soap Making Journal will allow you to accurately document every detail about your soaps and also track recipes & processes. It's a great way to chart your course as you make your soaps.

Here are examples of the prompts for you to fill in and write about your experience in this book:

Soap Name - Record the name of the soap you are making.
Date, Yield, Process - Log the date, how much the recipe makes, and your process and ingredients.
Mold, Temp, Packaging - Write which mold you used, the temp & your packaging.
Visual Description - For writing what your end product looks like.
Fragrance Description - For writing what you end product smells like, the aroma & what it reminds you of.
Lyes & Liquids - Name & Quantity
Oils - Name & Quantity
Additives - Name & Quantity
Notes - Blank lined notes section can be used for any important information pertaining to your style or your thoughts on that particular soap or any ingredients you may add to your recipe

Enjoy!

Soap Name _____

Yield _____   Date _____

Process _____   Mold _____   Temp _____

Packaging _____

Visual Description

Fragrance Description

Lyes and Liquids

Name	Quantity

Oils

Additives

Notes

Soap Name _____ Yield _____ Date _____

Process _____ Mold _____ Temp _____

Packaging _____

Visual Description

```
┌─────────────────────────┐
│                         │
│                         │
│                         │
│                         │
└─────────────────────────┘
```

Fragrance Description

```
┌─────────────────────────┐
│                         │
│                         │
│                         │
│                         │
└─────────────────────────┘
```

Lyes and Liquids

Name	Quantity

Oils

Additives

Notes

```
┌─────────────────────────────────────┐
│                                     │
│                                     │
│                                     │
│                                     │
└─────────────────────────────────────┘
```

Soap Name _____ Yield _____ Date _____

　　　Process _____ Mold _____ Temp _____

　　　Packaging _____

Visual Description

Fragrance Description

Lyes and Liquids

Name	Quantity

Oils

Additives

Notes

Soap Name _____   Yield _____   Date _____

Process _____   Mold _____   Temp _____

Packaging _____

Visual Description

[ ]

Fragrance Description

[ ]

Lyes and Liquids

Name	Quantity

Oils

Additives

Notes

[ ]

Soap Name _____   Yield _____   Date _____

    Process _____   Mold _____   Temp _____

    Packaging _____

Visual Description

Fragrance Description

Lyes and Liquids

Name	Quantity

Oils

Additives

Notes

Soap Name _____ Yield _____ Date _____

   Process _____ Mold _____ Temp _____

   Packaging _____

Visual Description

```




```

Fragrance Description

```




```

Lyes and Liquids

Name	Quantity

Oils

Additives

Notes

```




```

Soap Name _____   Yield _____   Date _____

Process _____   Mold _____   Temp _____

Packaging _____

Visual Description

Fragrance Description

Lyes and Liquids

Name	Quantity

Oils

Additives

Notes

Soap Name _____   Yield _____   Date _____

Process _____   Mold _____   Temp _____

Packaging _____

Visual Description

Fragrance Description

Lyes and Liquids

Name	Quantity

Oils

Additives

Notes

Soap Name _____   Yield _____   Date _____

    Process _____   Mold _____   Temp _____

    Packaging _____

Visual Description

Fragrance Description

Lyes and Liquids

Name	Quantity

Oils

Additives

Notes

Soap Name _____

Yield _____   Date _____

Process _____   Mold _____   Temp _____

Packaging _____

Visual Description

```



```

Fragrance Description

```



```

Lyes and Liquids

Name	Quantity

Oils

Additives

Notes

```



```

Soap Name _____ Yield _____ Date _____

Process _____ Mold _____ Temp _____

Packaging _____

Visual Description

Fragrance Description

Lyes and Liquids

Name	Quantity

Oils

Additives

Notes

Soap Name _____ Yield _____ Date _____

Process _____ Mold _____ Temp _____

Packaging _____

Visual Description

Fragrance Description

Lyes and Liquids

Name	Quantity

Oils

Additives

Notes

Soap Name _____   Yield _____   Date _____

Process _____   Mold _____   Temp _____

Packaging _____

Visual Description

```



```

Fragrance Description

```



```

Lyes and Liquids

Name	Quantity

Oils

Additives

Notes

```



```

Soap Name _____   Yield _____   Date _____

  Process _____   Mold _____   Temp _____

  Packaging _____

Visual Description

Fragrance Description

Lyes and Liquids

Name	Quantity

Oils

Additives

Notes

Soap Name _____ Yield _____ Date _____

Process _____ Mold _____ Temp _____

Packaging _____

Visual Description

Fragrance Description

Lyes and Liquids

Name	Quantity

Oils

Additives

Notes

Soap Name _____   Yield _____   Date _____

Process _____   Mold _____   Temp _____

Packaging _____

Visual Description

```

```

Fragrance Description

```

```

Lyes and Liquids

Name	Quantity

Oils

Additives

Notes

```

```

Soap Name _____ Yield _____ Date _____

Process _____ Mold _____ Temp _____

Packaging _____

Visual Description

Fragrance Description

Lyes and Liquids

Name	Quantity

Oils

Additives

Notes

Soap Name _____   Yield _____   Date _____

Process _____   Mold _____   Temp _____

Packaging _____

Visual Description

Fragrance Description

Lyes and Liquids

Name	Quantity

Oils

Additives

Notes

Soap Name _____ Yield _____ Date _____

  Process _____ Mold _____ Temp _____

  Packaging _____

Visual Description

Fragrance Description

Lyes and Liquids

Name	Quantity

Oils

Additives

Notes

Soap Name _____

Process _____   Yield _____   Date _____

Packaging _____   Mold _____   Temp _____

Visual Description

Fragrance Description

Lyes and Liquids

Name	Quantity

Oils

Additives

Notes

Soap Name

Yield _____ Date _____

Process _____ Mold _____ Temp _____

Packaging _____

Visual Description

Fragrance Description

Lyes and Liquids

Name	Quantity

Oils

Additives

Notes

Soap Name _____   Yield _____   Date _____

Process _____   Mold _____   Temp _____

Packaging _____

Visual Description

| |
| |

Fragrance Description

| |
| |

Lyes and Liquids

Name	Quantity

Oils

Additives

Notes

| |
| |

Soap Name _____   Yield _____   Date _____

Process _____   Mold _____   Temp _____

Packaging _____

Visual Description

Fragrance Description

Lyes and Liquids

Name	Quantity

Oils

Additives

Notes

Soap Name _____ Yield _____ Date _____

Process _____ Mold _____ Temp _____

Packaging _____

Visual Description

```
┌─────────────────────────────────┐
│                                 │
│                                 │
│                                 │
│                                 │
└─────────────────────────────────┘
```

Fragrance Description

```
┌─────────────────────────────────┐
│                                 │
│                                 │
│                                 │
│                                 │
└─────────────────────────────────┘
```

Lyes and Liquids

Name	Quantity

Oils

Additives

Notes

```
┌─────────────────────────────────┐
│                                 │
│                                 │
│                                 │
│                                 │
└─────────────────────────────────┘
```

Soap Name _____

Yield _____ Date _____

Process _____

Mold _____ Temp _____

Packaging _____

Visual Description

Fragrance Description

Lyes and Liquids

Name	Quantity

Oils

Additives

Notes

Soap Name _____

Yield _____   Date _____

Process _____   Mold _____   Temp _____

Packaging _____

Visual Description

Fragrance Description

Lyes and Liquids

Name	Quantity

Oils

Additives

Notes

Soap Name _____ Yield _____ Date _____

Process _____ Mold _____ Temp _____

Packaging _____

Visual Description

Fragrance Description

Lyes and Liquids

Name	Quantity

Oils

Additives

Notes

Soap Name _____ Yield _____ Date _____

Process _____ Mold _____ Temp _____

Packaging _____

Visual Description

Fragrance Description

Lyes and Liquids

Name	Quantity

Oils

Additives

Notes

Soap Name _____   Yield _____   Date _____

Process _____   Mold _____   Temp _____

Packaging _____

Visual Description

Fragrance Description

Lyes and Liquids

Name	Quantity

Oils

Additives

Notes

Soap Name _____

Yield _____ Date _____

Process _____ Mold _____ Temp _____

Packaging _____

Visual Description

Fragrance Description

Lyes and Liquids

Name	Quantity

Oils

Additives

Notes

Soap Name _____   Yield _____   Date _____

Process _____   Mold _____   Temp _____

Packaging _____

Visual Description

Fragrance Description

Lyes and Liquids

Name	Quantity

Oils

Additives

Notes

Soap Name _____   Yield _____   Date _____

Process _____   Mold _____   Temp _____

Packaging _____

Visual Description

Fragrance Description

Lyes and Liquids

Name	Quantity

Oils

Additives

Notes

Soap Name _____   Yield _____   Date _____

Process _____   Mold _____   Temp _____

Packaging _____

Visual Description

Fragrance Description

Lyes and Liquids

Name	Quantity

Oils

Additives

Notes

Soap Name _____

Process _____　Yield _____　Date _____

Packaging _____　Mold _____　Temp _____

Visual Description

Fragrance Description

Lyes and Liquids

Name	Quantity

Oils

Additives

Notes

Soap Name _____ Yield _____ Date _____

Process _____ Mold _____ Temp _____

Packaging _____

Visual Description

Fragrance Description

Lyes and Liquids

Name	Quantity

Oils

 |
--- | ---
 |
 |
 |

Additives

 |
--- | ---
 |
 |
 |

Notes

Soap Name _____   Yield _____   Date _____

    Process _____   Mold _____   Temp _____

    Packaging _____

Visual Description

Fragrance Description

Lyes and Liquids

Name	Quantity

Oils

Additives

Notes

Soap Name _____   Yield _____   Date _____

Process _____   Mold _____   Temp _____

Packaging _____

Visual Description

_____

Fragrance Description

_____

Lyes and Liquids

Name	Quantity

Oils

Additives

Notes

_____

Soap Name _____ Yield _____ Date _____

Process _____ Mold _____ Temp _____

Packaging _____

Visual Description

```



```

Fragrance Description

```



```

Lyes and Liquids

Name	Quantity

Oils

Additives

Notes

```



```

Soap Name _____ Yield _____ Date _____

Process _____ Mold _____ Temp _____

Packaging _____

Visual Description

_____

Fragrance Description

_____

Lyes and Liquids

Name	Quantity

Oils

Additives

Notes

_____

Soap Name _____ Yield _____ Date _____

Process _____ Mold _____ Temp _____

Packaging _____

Visual Description

Fragrance Description

Lyes and Liquids

Name	Quantity

Oils

Additives

Notes

Soap Name _____ Yield _____ Date _____

Process _____ Mold _____ Temp _____

Packaging _____

Visual Description

Fragrance Description

Lyes and Liquids

Name	Quantity

Oils

Additives

Notes

Soap Name _____ Yield _____ Date _____

Process _____ Mold _____ Temp _____

Packaging _____

Visual Description

Fragrance Description

Lyes and Liquids

Name	Quantity

Oils

Additives

Notes

Soap Name _____   Yield _____   Date _____

    Process _____   Mold _____   Temp _____

    Packaging _____

Visual Description

Fragrance Description

Lyes and Liquids

Name	Quantity

Oils

Additives

Notes

Soap Name _____ Yield _____ Date _____

Process _____ Mold _____ Temp _____

Packaging _____

Visual Description

Fragrance Description

Lyes and Liquids

Name	Quantity

Oils

Additives

Notes

Soap Name _____ Yield _____ Date _____

Process _____ Mold _____ Temp _____

Packaging _____

Visual Description

Fragrance Description

Lyes and Liquids

Name	Quantity

Oils

Additives

Notes

Soap Name _____   Yield _____   Date _____

Process _____   Mold _____   Temp _____

Packaging _____

Visual Description

Fragrance Description

Lyes and Liquids

Name	Quantity

Oils

Additives

Notes

Soap Name _____ Yield _____ Date _____

Process _____ Mold _____ Temp _____

Packaging _____

Visual Description

Fragrance Description

Lyes and Liquids

Name	Quantity

Oils

Additives

Notes

Soap Name _____   Yield _____   Date _____

Process _____   Mold _____   Temp _____

Packaging _____

Visual Description

[ ]

Fragrance Description

[ ]

Lyes and Liquids

Name	Quantity

Oils

Additives

Notes

[ ]

Soap Name _____ Yield _____ Date _____

Process _____ Mold _____ Temp _____

Packaging _____

Visual Description

```
[                    ]
```

Fragrance Description

```
[                    ]
```

Lyes and Liquids

Name	Quantity

Oils

Additives

Notes

```
[                    ]
```

Soap Name _____ Yield _____ Date _____

   Process _____ Mold _____ Temp _____

   Packaging _____

Visual Description

```



```

Fragrance Description

```



```

Lyes and Liquids

Name	Quantity

Oils

Additives

Notes

```



```

Soap Name _____ Yield _____ Date _____

Process _____ Mold _____ Temp _____

Packaging _____

Visual Description

_____

Fragrance Description

_____

Lyes and Liquids

Name	Quantity

Oils

Additives

Notes

_____

Soap Name _____ Yield _____ Date _____

    Process _____ Mold _____ Temp _____

    Packaging _____

Visual Description

Fragrance Description

Lyes and Liquids

Name	Quantity

Oils

Additives

Notes

Soap Name _____   Yield _____   Date _____

      Process _____   Mold _____   Temp _____

      Packaging _____

Visual Description

Fragrance Description

Lyes and Liquids

Name	Quantity

Oils

Additives

Notes

Soap Name _____ Yield _____ Date _____

  Process _____ Mold _____ Temp _____

  Packaging _____

Visual Description

Fragrance Description

Lyes and Liquids

Name	Quantity

Oils

Additives

Notes

Soap Name _____ Yield _____ Date _____

Process _____ Mold _____ Temp _____

Packaging _____

Visual Description

Fragrance Description

Lyes and Liquids

Name	Quantity

Oils

Additives

Notes

Soap Name _____

Yield _____ Date _____

Process _____

Mold _____ Temp _____

Packaging _____

Visual Description

_____

Fragrance Description

_____

Lyes and Liquids

Name	Quantity

Oils

Additives

Notes

_____

Soap Name _____   Yield _____   Date _____

Process _____   Mold _____   Temp _____

Packaging _____

Visual Description

```
┌─────────────────────────┐
│                         │
│                         │
│                         │
│                         │
└─────────────────────────┘
```

Fragrance Description

```
┌─────────────────────────┐
│                         │
│                         │
│                         │
│                         │
└─────────────────────────┘
```

Lyes and Liquids

Name	Quantity

Oils

Additives

Notes

```
┌───────────────────────────────────────────┐
│                                           │
│                                           │
│                                           │
│                                           │
└───────────────────────────────────────────┘
```

Soap Name _____

Yield _____ Date _____

Process _____ Mold _____ Temp _____

Packaging _____

Visual Description

Fragrance Description

Lyes and Liquids

Name	Quantity

Oils

Additives

Notes

Soap Name _____ Yield _____ Date _____

Process _____ Mold _____ Temp _____

Packaging _____

Visual Description

Fragrance Description

Lyes and Liquids

Name	Quantity

Oils

Additives

Notes

Soap Name _____

Yield _____ Date _____

Process _____ Mold _____ Temp _____

Packaging _____

Visual Description

```



```

Fragrance Description

```



```

Lyes and Liquids

Name	Quantity

Oils

Additives

Notes

```



```

Soap Name _____ Yield _____ Date _____

Process _____ Mold _____ Temp _____

Packaging _____

Visual Description

```



```

Fragrance Description

```



```

Lyes and Liquids

Name	Quantity

Oils

Additives

Notes

```



```

Soap Name _____   Yield _____   Date _____

    Process _____   Mold _____   Temp _____

    Packaging _____

Visual Description

Fragrance Description

Lyes and Liquids

Name	Quantity

Oils

Additives

Notes

Soap Name _____ Yield _____ Date _____

  Process _____ Mold _____ Temp _____

  Packaging _____

Visual Description

Fragrance Description

Lyes and Liquids

Name	Quantity

Oils

Additives

Notes

Soap Name _____

Yield _____ Date _____

Process _____ Mold _____ Temp _____

Packaging _____

Visual Description

Fragrance Description

Lyes and Liquids

Name	Quantity

Oils

Additives

Notes

Soap Name _____ Yield _____ Date _____

Process _____ Mold _____ Temp _____

Packaging _____

Visual Description

Fragrance Description

Lyes and Liquids

Name	Quantity

Oils

Additives

Notes

Soap Name _____ Yield _____ Date _____

Process _____ Mold _____ Temp _____

Packaging _____

Visual Description

[ ]

Fragrance Description

[ ]

Lyes and Liquids

Name	Quantity

Oils

Additives

Notes

[ ]

Soap Name _____ Yield _____ Date _____

   Process _____ Mold _____ Temp _____

   Packaging _____

Visual Description

Fragrance Description

Lyes and Liquids

Name	Quantity

Oils

Additives

Notes

Soap Name

Process

Packaging

Yield _____ Date _____

Mold _____ Temp _____

Visual Description

Fragrance Description

Lyes and Liquids

Name	Quantity

Oils

Additives

Notes

Soap Name _____ Yield _____ Date _____

  Process _____ Mold _____ Temp _____

  Packaging _____

Visual Description

```
┌─────────────────────────────────────┐
│                                     │
│                                     │
│                                     │
│                                     │
└─────────────────────────────────────┘
```

Fragrance Description

```
┌─────────────────────────────────────┐
│                                     │
│                                     │
│                                     │
│                                     │
└─────────────────────────────────────┘
```

Lyes and Liquids

Name	Quantity

Oils

Name	Quantity

Additives

Name	Quantity

Notes

```
┌─────────────────────────────────────┐
│                                     │
│                                     │
│                                     │
│                                     │
└─────────────────────────────────────┘
```

Soap Name _____ Yield _____ Date _____

Process _____ Mold _____ Temp _____

Packaging _____

Visual Description

[   ]

Fragrance Description

[   ]

Lyes and Liquids

Name	Quantity

Oils

Additives

Notes

[   ]

Soap Name _____ Yield _____ Date _____

Process _____ Mold _____ Temp _____

Packaging _____

Visual Description

Fragrance Description

Lyes and Liquids

Name	Quantity

Oils

Additives

Notes

Soap Name _____ Yield _____ Date _____

Process _____ Mold _____ Temp _____

Packaging _____

Visual Description

Fragrance Description

Lyes and Liquids

Name	Quantity

Oils

Additives

Notes

Soap Name _____ Yield _____ Date _____

Process _____ Mold _____ Temp _____

Packaging _____

Visual Description

Fragrance Description

Lyes and Liquids

Name	Quantity

Oils

Additives

Notes

Soap Name _____ Yield _____ Date _____

Process _____ Mold _____ Temp _____

Packaging _____

Visual Description

Fragrance Description

Lyes and Liquids

Name	Quantity

Oils

Additives

Notes

Soap Name _____   Yield _____   Date _____

Process _____   Mold _____   Temp _____

Packaging _____

Visual Description

Fragrance Description

Lyes and Liquids

Name	Quantity

Oils

Additives

Notes

Soap Name _____ Yield _____ Date _____

Process _____ Mold _____ Temp _____

Packaging _____

Visual Description

_____

Fragrance Description

_____

Lyes and Liquids

Name	Quantity

Oils

Additives

Notes

_____

Soap Name _____ Yield _____ Date _____

Process _____ Mold _____ Temp _____

Packaging _____

Visual Description

Fragrance Description

Lyes and Liquids

Name	Quantity

Oils

Additives

Notes

Soap Name _____ Yield _____ Date _____

Process _____ Mold _____ Temp _____

Packaging _____

Visual Description

Fragrance Description

Lyes and Liquids

Name	Quantity

Oils

Additives

Notes

Soap Name _____   Yield _____   Date _____

    Process _____   Mold _____   Temp _____

    Packaging _____

Visual Description

Fragrance Description

Lyes and Liquids

Name	Quantity

Oils

Additives

Notes

Soap Name _____

Yield _____ Date _____

Process _____ Mold _____ Temp _____

Packaging _____

Visual Description

_____

Fragrance Description

_____

Lyes and Liquids

Name	Quantity

Oils

Additives

Notes

_____

Soap Name _____   Yield _____   Date _____

Process _____   Mold _____   Temp _____

Packaging _____

Visual Description

Fragrance Description

Lyes and Liquids

Name	Quantity

Oils

Additives

Notes

Soap Name _____ Yield _____ Date _____

Process _____ Mold _____ Temp _____

Packaging _____

Visual Description

[   ]

Fragrance Description

[   ]

Lyes and Liquids

Name	Quantity

Oils

Additives

Notes

[   ]

Soap Name _____ Yield _____ Date _____

Process _____ Mold _____ Temp _____

Packaging _____

Visual Description

Fragrance Description

Lyes and Liquids

Name	Quantity

Oils

Additives

Notes

Soap Name _____

Yield _____ Date _____

Process _____ Mold _____ Temp _____

Packaging _____

Visual Description

Fragrance Description

Lyes and Liquids

Name	Quantity

Oils

Additives

Notes

Soap Name _____   Yield _____   Date _____

Process _____   Mold _____   Temp _____

Packaging _____

Visual Description

Fragrance Description

Lyes and Liquids

Name	Quantity

Oils

Additives

Notes

Soap Name _____ Yield _____ Date _____

Process _____ Mold _____ Temp _____

Packaging _____

Visual Description

Fragrance Description

Lyes and Liquids

Name	Quantity

Oils

Additives

Notes

Soap Name _____ Yield _____ Date _____

Process _____ Mold _____ Temp _____

Packaging _____

Visual Description

Fragrance Description

Lyes and Liquids

Name	Quantity

Oils

Additives

Notes

Soap Name _____ Yield _____ Date _____

Process _____ Mold _____ Temp _____

Packaging _____

Visual Description

Fragrance Description

Lyes and Liquids

Name	Quantity

Oils

Additives

Notes

Soap Name _____ Yield _____ Date _____

Process _____ Mold _____ Temp _____

Packaging _____

Visual Description

Fragrance Description

Lyes and Liquids

Name	Quantity

Oils

Additives

Notes

Soap Name _____ Yield _____ Date _____

Process _____ Mold _____ Temp _____

Packaging _____

Visual Description

```
┌─────────────────────────────┐
│                             │
│                             │
│                             │
│                             │
└─────────────────────────────┘
```

Fragrance Description

```
┌─────────────────────────────┐
│                             │
│                             │
│                             │
│                             │
└─────────────────────────────┘
```

Lyes and Liquids

Name	Quantity

Oils

Additives

Notes

```
┌─────────────────────────────┐
│                             │
│                             │
│                             │
│                             │
└─────────────────────────────┘
```

Soap Name _____ Yield _____ Date _____

Process _____ Mold _____ Temp _____

Packaging _____

Visual Description

Fragrance Description

Lyes and Liquids

Name	Quantity

Oils

Additives

Notes

Soap Name _____ Yield _____ Date _____

Process _____ Mold _____ Temp _____

Packaging _____

Visual Description

Fragrance Description

Lyes and Liquids

Name	Quantity

Oils

Additives

Notes

Soap Name _____   Yield _____   Date _____

Process _____   Mold _____   Temp _____

Packaging _____

Visual Description

```



```

Fragrance Description

```



```

Lyes and Liquids

Name	Quantity

Oils

Additives

Notes

```



```

Soap Name _____

Yield _____ Date _____

Process _____

Mold _____ Temp _____

Packaging _____

Visual Description

Fragrance Description

Lyes and Liquids

Name	Quantity

Oils

Additives

Notes

Soap Name _____   Yield _____   Date _____

Process _____   Mold _____   Temp _____

Packaging _____

Visual Description

Fragrance Description

Lyes and Liquids

Name	Quantity

Oils

Additives

Notes

Soap Name _____ Yield _____ Date _____

Process _____ Mold _____ Temp _____

Packaging _____

Visual Description

Fragrance Description

Lyes and Liquids

Name	Quantity

Oils

Additives

Notes

Soap Name _____

Process _____

Packaging _____

Yield _____

Mold _____

Date _____

Temp _____

Visual Description

Fragrance Description

Lyes and Liquids

Name	Quantity

Oils

Additives

Notes

Soap Name _____   Yield _____   Date _____

    Process _____   Mold _____   Temp _____

    Packaging _____

Visual Description

```



```

Fragrance Description

```



```

Lyes and Liquids

Name	Quantity

Oils

Additives

Notes

```



```

Soap Name _____ Yield _____ Date _____

Process _____ Mold _____ Temp _____

Packaging _____

Visual Description

Fragrance Description

Lyes and Liquids

Name	Quantity

Oils

Additives

Notes

Soap Name _____ Yield _____ Date _____

    Process _____ Mold _____ Temp _____

    Packaging _____

Visual Description

Fragrance Description

Lyes and Liquids

Name	Quantity

Oils

Additives

Notes

Soap Name _____ Yield _____ Date _____

Process _____ Mold _____ Temp _____

Packaging _____

Visual Description

[ ]

Fragrance Description

[ ]

Lyes and Liquids

Name	Quantity

Oils

Additives

Notes

[ ]

Soap Name _____ Yield _____ Date _____

Process _____ Mold _____ Temp _____

Packaging _____

Visual Description

Fragrance Description

Lyes and Liquids

Name	Quantity

Oils

Additives

Notes

Soap Name _____

Yield _____ Date _____

Process _____ Mold _____ Temp _____

Packaging _____

Visual Description

Fragrance Description

Lyes and Liquids

Name	Quantity

Oils

Additives

Notes

Soap Name _____

Yield _____ Date _____

Process _____

Mold _____ Temp _____

Packaging _____

Visual Description

Fragrance Description

Lyes and Liquids

Name	Quantity

Oils

Additives

Notes

Soap Name _____ Yield _____ Date _____

Process _____ Mold _____ Temp _____

Packaging _____

Visual Description

Fragrance Description

Lyes and Liquids

Name	Quantity

Oils

Additives

Notes

Soap Name _____   Yield _____   Date _____

Process _____   Mold _____   Temp _____

Packaging _____

Visual Description

Fragrance Description

Lyes and Liquids

Name	Quantity

Oils

Additives

Notes

Soap Name _____ Yield _____ Date _____

Process _____ Mold _____ Temp _____

Packaging _____

Visual Description

```




```

Fragrance Description

```




```

Lyes and Liquids

Name	Quantity

Oils

Additives

Notes

```




```

www.ingramcontent.com/pod-product-compliance
Lightning Source LLC
Chambersburg PA
CBHW080600030426
42336CB00019B/3265